MINI-GUG

Einfach zum Vernaschen

Autorin: Andrea Schirmaier-Huber
Fotos: Monika Schürle und Maria Grossmann

DIE GU-QUALITÄTS-GARANTIE

Wir möchten Ihnen mit den Informationen und Anregungen in diesem Buch das Leben erleichtern und Sie inspirieren, Neues auszuprobieren. Bei jedem unserer Bücher achten wir auf Aktualität und stellen höchste Ansprüche an Inhalt, Optik und Ausstattung. Alle Rezepte und Informationen werden von unseren Autoren gewissenhaft erstellt und von unseren Redakteuren sorgfältig ausgewählt und mehrfach geprüft. Deshalb bieten wir Ihnen eine 100%ige Qualitätsgarantie.

Darauf können Sie sich verlassen:
Wir legen Wert darauf, dass unsere Kochbücher zuverlässig und inspirierend zugleich sind.
Wir garantieren:
- dreifach getestete Rezepte
- sicheres Gelingen durch Schritt-für-Schritt-Anleitungen und viele nützliche Tipps
- eine authentische Rezept-Fotografie

Wir möchten für Sie immer besser werden:
Sollten wir mit diesem Buch Ihre Erwartungen nicht erfüllen, lassen Sie es uns bitte wissen! Nehmen Sie einfach Kontakt zu unserem Leserservice auf. Sie erhalten von uns kostenlos einen Ratgeber zum gleichen oder ähnlichen Thema. Die Kontaktdaten unseres Leserservice finden Sie am Ende dieses Buches.

GRÄFE UND UNZER VERLAG
Der erste Ratgeberverlag – seit 1722.

INHALT

TIPPS UND EXTRAS

8 KLASSISCH-FEIN

28 SCHOKOLECKER

42 RAFFINIERT

SCHNELLER GUGLHUPF

1 kleine Bio-Zitrone | 1 Ei | 50 ml Sonnenblumenöl | Mark von ¼ Vanilleschote | 50 ml Mineralwasser | 55 g Zucker | Salz | 50 g Mehl | 1 TL Backpulver (4 g)

Für 6 Förmchen à 100 ml | 10 Min. Zubereitung | 20 Min. Backen

1 Backofen auf 200° vorheizen. Zitrone heiß abwaschen, abtrocknen und 1 TL Schale abreiben. Die Förmchen zum Befüllen auf das Backofengitter stellen.

2 Das Ei mit Öl, Zitronenschale, Vanillemark, Wasser, Zucker und 1 Prise Salz mit dem Schneebesen schaumig rühren.

3 Mehl und Backpulver daraufsieben und mit einem Teigspatel rasch unterheben. Dann den Teig nicht zu lange rühren, sonst wird er zähflüssig.

4 Den Teig in die Förmchen füllen. Die Küchlein im Backofen (Mitte) 15 – 20 Min. backen. Aus dem Ofen nehmen und in den Förmchen etwas abkühlen lassen.

5 Die Küchlein aus den Förmchen lösen und auf einem Kuchengitter ganz abkühlen lassen. Dann die Mini-Gugl mit Puderzucker bestäuben oder mit Glasur überziehen.

TIPP

Diese einfachen Guglhupfe lassen sich nach Lust und Laune (oder Vorrat) aufpeppen: So können Sie 30 g gehackte Trockenfrüchte, 50 g frische Obstwürfel oder 30 g gehackte Nüsse dazugeben. Als Würze passen Zimtpulver, frisch geriebene Tonkabohne, gemahlener Piment, Nelkenpulver oder auch Muskatblüte.

BUTTERCREME

¼ l Milch | 40 g Zucker | ½ Päckchen Vanillepuddingpulver | 125 g weiche Butter

Für 400 g | 10 Min. Zubereitung | 30 Min. Kühlen

1 Zwei Drittel der Milch (175 ml) in einem kleinen Topf zum Kochen bringen. Vorsicht: Milch kocht sehr leicht über!

2 Die restliche Milch mit dem Zucker und Puddingpulver glatt rühren, in die kochende Milch rühren und alles aufkochen.

3 Den heißen Pudding in eine flache Schale gießen und mit Frischhaltefolie abdecken, damit sich keine Haut bildet. Erkalten lassen.

4 Die Butter mit dem Handrührgerät weiß-cremig aufschlagen. Dann den kalten Vanillepudding glatt rühren und nach und nach unter die Butter rühren.

5 Die fertige Buttercreme mit dem Schneebesen noch einmal cremig aufschlagen und verwenden. Übrige Buttercreme lässt sich wunderbar einfrieren.

TIPP

Für eine **Schoko-Buttercreme** 50–80 g dunkle Kuvertüre schmelzen und unter die Creme rühren. Oder dieselbe Menge **Nugat** auflösen und unterrühren. Auch Fruchtmark können Sie dazugeben, aber nach und nach, damit die Creme nicht gerinnt.

SCHÖN KNACKIG

Frische Nüsse haben einfach das beste Aroma. Achten Sie beim Einkauf auf ein langes Haltbarkeitsdatum.

GUT ZU WISSEN

Für die Mini-Gugl werden nur Minimengen gebraucht. Da Nüsse leicht ranzig werden, sollten Sie Reste dunkel und kühl aufbewahren oder, noch besser, einfrieren. Tipps zum Entfernen der Häutchen von Nüssen und Kernen finden Sie auf S. 13.

MEINE LIEBLINGSNÜSSE UND -KERNE

Kürbiskerne (1) sind dank ihrer bioaktiven Inhaltsstoffe nicht nur aromatisch, sondern auch gesund. Am besten schmecken Kürbiskerne aus der Steiermark, denn der Vulkanboden dort gibt ihnen einen ganz eigenen Geschmack und die intensive grüne Farbe. Macadamianüsse (2) dagegen kommen ursprünglich aus dem australischen Regenwald; heute werden sie hauptsächlich auf Hawaii, aber auch in anderen tropischen Regionen angebaut. Die Verarbeitung ist kompliziert, deshalb muss man beim Kauf etwas tiefer in die Tasche greifen. Gesalzene Nüsse eignen sich auch zum Backen, dann nur das Salz im Teig weglassen. Die mediterranen Pinienkerne (3) mit ihrem edlen Aroma sind ebenfalls teuer, denn sie müssen aufwendig zweimal geschält werden. Walnüsse (4) werden für die Gugl fein gemahlen. In gut sortierten Supermärkten kann man sie so kaufen. Sie selbst zu mahlen ist etwas heikel, da sie leicht verkleben. Am besten klappt das mit einem schweren Messer oder im Blitzhacker mit kurzen Intervallen.

FRUCHTVERLIEBT

Ein Geheimnis meiner Gugl ist eine Extraportion Trockenfrüchte – sie machen die Küchlein fruchtig süß und schön saftig.

LIEBER OHNE SCHWEFEL

Toll: Mit Trockenfrüchten ist man saisonal unabhängig, deshalb finden sie in meiner Backstube so viel Verwendung. Aber Achtung: Die Früchte werden häufig geschwefelt, damit sie haltbar werden und ihre schöne Farbe nicht verlieren. Manche Menschen reagieren darauf empfindlich, deshalb lieber ungeschwefelte Produkte kaufen.

MEINE LIEBLINGSFRÜCHTE

Kaufen Sie bei getrockneten Aprikosen (1) und Zwetschgen bzw. Pflaumen Softfrüchte: Die haben eine angenehme Süße, lassen sich besser zerkleinern und die Gugl werden besonders saftig. Cranberrys (2) ähneln entfernt Rosinen, sind aber mit den Heidelbeeren verwandt und kommen meist aus den USA oder Kanada. Inzwischen gibt es sie auch aus deutschem Anbau. Datteln (3) sollten prall und glänzend sein. Wenn möglich kaufe ich die mit Stein – sie sind besonders saftig. Getrocknete Feigen (4) haben oft noch einen kleinen Strunk oder harte Stellen – die sollten Sie vor dem Backen beim Zerkleinern entfernen.
Ein simpler Trick: Noch mehr Aroma bekommen Trockenfrüchte, wenn Sie die ganzen oder zerkleinerten Früchte in Obstsaft oder in Alkohol, z. B. in Rum, Portwein, Sherry oder Grappa, einlegen und vor der Weiterverwendung ein paar Stunden oder über Nacht ziehen lassen.

KLASSISCH-FEIN

Frankfurter Kranz, Marmor- oder Nusskuchen, die früher auf Großmutters Kaffeetafel standen, backe ich heute einfach im Mini-Format. Und wenn ich zum Kaffeeklatsch lade, kommen auch Torten wie Schwarzwälder Kirsch als kleine Naschereien ganz groß raus.

APFEL-MANDEL-GUGLHUPF

Überraschung auf den ersten Biss: Was wie traditionelle kleine Apfelkuchen daherkommt, verzaubert alle mit orientalischen Aromen.

1 kleine Bio-Zitrone
200 g reife Boskop-Äpfel
¼ Vanilleschote
2 Eier | 50 g Zucker
2 TL Amaretto (ital. Mandellikör, ersatzweise Apfelsaft)
gemahlene Muskatblüte, Nelkenpulver und gemahlener Kardamom (siehe Tipp)
Salz | 70 g Mehl
1 TL Backpulver (4 g)
40 g geschälte gemahlene Mandeln
evtl. weiche Butter und Mehl für die Förmchen
Puderzucker zum Bestäuben

Ein Hauch von 1001 Nacht

Für 6 Förmchen à 100 ml
25 Min. Zubereitung | 20 Min. Backen
Pro Stück ca. 150 kcal, 5 g EW, 7 g F, 16 g KH

1 Den Backofen auf 200° vorheizen. Die Förmchen evtl. einfetten und mit Mehl ausstäuben. Die Zitrone heiß abwaschen, abtrocknen und die Schale fein abreiben (es soll etwa 1 TL ergeben). Die Zitrone halbieren und aus einer Hälfte den Saft auspressen. Die Äpfel schälen, entkernen, fein raspeln und mit Zitronensaft beträufeln. Die Vanilleschote längs aufschneiden und das Mark mit einem spitzen Messer herauskratzen.

2 Die Eier mit Zitronenschale, Vanillemark, Zucker, Amaretto sowie je 1 Prise Muskatblüte, Nelke, Kardamom und Salz mit dem Schneebesen kurz und kräftig schaumig schlagen.

3 Das Mehl mit dem Backpulver auf die Eimasse sieben und mit einem Kochlöffel unterheben. Die Apfelraspel mit den Mandeln kurz untermischen. Den Teig in die Förmchen füllen und im Backofen (Mitte) 15 – 20 Min. goldbraun backen.

4 Die Küchlein aus dem Ofen nehmen, etwas abkühlen lassen, dann aus den Förmchen lösen und auf einem Kuchengitter ganz abkühlen lassen. Mit Puderzucker bestäuben.

TIPP

Sie haben Muskatblüte, Nelkenpulver und Kardamom nicht vorrätig? Dann können Sie auch 2 Prisen Lebkuchengewürz verwenden. Diese Gewürzmischung mit vielen weihnachtlichen Aromen betont den Geschmack der Äpfel und Mandeln in diesen feinen Guglhupfen sehr gut.

MARMOR-GUGLHUPF

1 kleine Bio-Zitrone | ¼ Vanilleschote | 1 Ei | 50 ml Sonnenblumenöl | 160 ml Milch | 75 g Zucker | Salz | 2 TL Rum (nach Belieben) | 200 g Mehl | 1 TL Backpulver (4 g) | 15 g Kakaopulver | evtl. weiche Butter und Mehl für die Förmchen | Puderzucker zum Bestäuben

Schnell gebacken

Für 6 Förmchen à 100 ml
15 Min. Zubereitung | 20 Min. Backen
Pro Stück ca. 305 kcal, 6 g EW, 13 g F, 41 g KH

1 Den Backofen auf 200° vorheizen. Die Förmchen evtl. einfetten und mit Mehl ausstäuben. Die Zitrone heiß abwaschen und abtrocknen. Die Schale fein abreiben (es soll etwa 1 TL ergeben). Die Vanilleschote längs aufschneiden und das Mark mit einem spitzen Messer herauskratzen.

2 Das Ei mit Öl, 120 ml Milch, Zucker, Zitronenschale, Vanillemark, Salz und nach Wunsch Rum mit dem Schneebesen gut verrühren.

3 Das Mehl mit dem Backpulver auf die Eimasse sieben und mit einem Teigspatel rasch unterheben. Zwei Drittel des Teiges in die Förmchen füllen. Den restlichen Teig mit der übrigen Milch und dem Kakaopulver verrühren und auf den hellen Teig geben. Den Teig mit einem Teelöffelstiel kreisförmig durchziehen, sodass das typische Marmormuster entsteht.

4 Die Küchlein im Backofen (Mitte) 15–20 Min. backen. Herausnehmen, etwas abkühlen lassen, aus den Förmchen lösen und auf einem Kuchengitter ganz abkühlen lassen. Mit Puderzucker bestäuben und servieren.

NUSS-GUGLHUPF

¼ Vanilleschote | 30 g Nüsse (Sorte nach Geschmack) | 1 Ei | 50 ml Sonnenblumenöl | 50 ml Mineralwasser | 50 g Zucker | Salz | 50 g Mehl | 1 TL Backpulver (4 g) | evtl. weiche Butter und Mehl für die Förmchen | Puderzucker zum Bestäuben

Einfach verführerisch

Für 6 Förmchen à 100 ml
10 Min. Zubereitung | 20 Min. Backen
Pro Stück ca. 205 kcal, 3 g EW, 14 g F, 18 g KH

1 Den Backofen auf 200° vorheizen. Die Förmchen evtl. einfetten und mit Mehl ausstäuben. Die Vanilleschote längs aufschneiden und das Mark herauskratzen. Die Nüsse fein mahlen (siehe Tipp).

2 Das Ei mit Öl, Wasser, Zucker, Vanillemark und 1 Prise Salz in eine Schüssel geben und mit dem Schneebesen kurz und kräftig glatt rühren. Die Nüsse kurz unter den Teig heben.

3 Das Mehl mit dem Backpulver auf die Eimasse sieben und mit einem Teigspatel rasch unterheben. Den Teig in die Förmchen füllen. Die Küchlein im Ofen (Mitte) 15 – 20 Min. backen. Herausnehmen, etwas abkühlen lassen, dann aus den Förmchen lösen und auf einem Kuchengitter ganz abkühlen lassen. Die Küchlein mit Puderzucker bestäuben.

TIPP

Nüsse lassen sich leicht selbst schälen: Haselnüsse auf einem Backblech ausbreiten und im Backofen bei 200° ca. 5 Min. rösten. Dann in einem Küchentuch aneinanderreiben. Mandeln ca. 1 Min. in kochendem Wasser blanchieren. Abgießen und die Kerne aus den Schalen drücken.

KNUSPER-GUGLHUPF

Knusper, knusper, Knäuschen: Diese Gugl schmecken je nach Lieblingsmüsli immer wieder anders – mein Favorit ist Schoko-Knusper!

20 g getrocknete Feigen
20 g getrocknete Aprikosen
20 g getrocknete Äpfel
55 g Mehl
¼ Vanilleschote
10 g ungesalzene Pistazienkerne
50 g Butter
100 g Kefir | 75 g Zucker
1 Ei | Nelkenpulver
Zimtpulver | Salz
1 TL Backpulver (4 g)
60 g Knuspermüsli (Sorte nach Geschmack)
evtl. weiche Butter und Mehl für die Förmchen

Für die Deko:
getrocknete Aprikosen
ungesalzene Pistazienkerne
100 g Vollmilchkuvertüre

Mal was anderes

Für 6 Förmchen à 100 ml
25 Min. Zubereitung | 20 Min. Backen
Pro Stück ca. 360 kcal, 6 g EW, 18 g F, 43 g KH

1 Den Backofen auf 200° vorheizen. Die Trockenfrüchte klein schneiden und mit etwas Mehl mischen. Die Vanilleschote längs aufschneiden und das Mark mit einem spitzen Messer herauskratzen. Die Pistazien grob hacken.

2 Die Butter zerlassen und mit Kefir, Vanillemark, Zucker, Ei und je 1 Prise Nelke, Zimt sowie Salz schaumig schlagen.

3 Das restliche Mehl (50 g) mit Backpulver mischen, auf die Eimasse sieben und mit einem Kochlöffel unterheben. Das Knuspermüsli, Pistazien und Trockenfrüchte kurz unterheben. Den Teig in die Förmchen füllen. Die Küchlein im Backofen (Mitte) 15–20 Min. backen. Herausnehmen, etwas abkühlen lassen, dann aus den Förmchen lösen und vollständig abkühlen lassen.

4 Für die Deko Aprikosen und Pistazien hacken. Die Kuvertüre hacken und über dem heißen Wasserbad schmelzen (siehe S. 41). Die Guglhupfe mit Kuvertüre bestreichen und mit den Fruchtstücken und gehackten Pistazien bestreuen. Den Guss vor dem Servieren ganz trocknen lassen.

VARIANTE CANDY-GUGLHUPF

Je 20 g getrocknete Cranberrys, kandierte Ananas und kandierte Mango klein schneiden und mit Mehl mischen. 2 EL Mandeln grob hacken. Den Teig wie oben beschrieben zubereiten, dabei die Gewürze weglassen. Trockenfrüchte, Mandeln und ein einfaches Müsli untermischen. Den Teig wie beschrieben backen. Die Gugl mit einer recht flüssigen Zuckerglasur bestreichen und nach Belieben mit in Würfel geschnittenen kandierten Mangostücken garnieren.

BIRNEN-MOHN-GUGL

½ kleine reife Birne (Williams Christ) | 1 kleine Bio-Zitrone | 50 ml Sonnenblumenöl | Zimtpulver | gemahlener Sternanis | Salz | 55 g Zucker | 1 Ei | 50 ml Mineralwasser | 50 g gemahlener Mohn | 80 g Mehl | 1 TL Backpulver (4 g) | evtl. weiche Butter und Mehl für die Förmchen | Puderzucker zum Bestäuben

Fein würzig

Für 6 Förmchen à 100 ml
20 Min. Zubereitung | 20 Min. Backen
Pro Stück ca. 240 kcal, 4 g EW, 14 g F, 23 g KH

1 Den Backofen auf 200° vorheizen. Die Förmchen evtl. einfetten und mit Mehl ausstäuben. Die Birne halbieren, schälen, vom Kerngehäuse befreien und in kleine Würfel schneiden. Die Zitrone heiß abwaschen und abtrocknen. Die Schale fein abreiben (es soll etwa 1 TL ergeben).

2 Das Öl mit der Zitronenschale, je 1 Prise Zimt, Sternanis und Salz sowie mit Zucker, Ei, Wasser und Mohn schaumig schlagen.

3 Das Mehl mit dem Backpulver auf die Eimasse sieben und mit einem Kochlöffel unterheben. Die Birnenwürfel ebenfalls unter den Teig mischen. Den Teig in die Förmchen füllen.

4 Die Küchlein im Backofen (Mitte) 15 – 20 Min. backen. Herausnehmen, etwas abkühlen lassen, dann aus den Förmchen lösen und auf einem Kuchengitter ganz abkühlen lassen. Die Guglhupfe mit Puderzucker bestäuben.

TIPP

Zimt sollten Sie immer sparsam verwenden: Wenn man zu viel in den Teig gibt, schmecken die Küchlein leicht bitter.

MOHN-MARZIPAN-GUGL

1 kleine Bio-Orange | ¼ Vanilleschote | 50 g Marzipanrohmasse | 50 g weiche Butter | Salz | 1 Ei | 35 ml Milch | 40 g Rohrzucker | 85 g Mohnsamen | 70 g Mehl | 1 TL Backpulver (4 g) | 100 g Aprikosenkonfitüre | evtl. weiche Butter und Mehl für die Förmchen | Puderzucker (zum Bestäuben)

Bleiben lange saftig

Für 6 Förmchen à 100 ml
25 Min. Zubereitung | 20 Min. Backen
Pro Stück ca. 320 kcal, 6 g EW, 18 g F, 34 g KH

1 Den Backofen auf 200° vorheizen. Die Förmchen evtl. einfetten und mit Mehl ausstäuben. Die Orange heiß abwaschen und abtrocknen. Von einer Hälfte die Schale fein abreiben. Von der anderen Hälfte die Schale mit dem Zestenreißer abziehen und beiseitestellen. Die Vanilleschote längs aufschneiden und mit einem spitzen Messer das Mark herauskratzen. Das Marzipan fein zerbröseln oder klein schneiden.

2 Die Butter mit Marzipan, Orangenschale, Vanillemark und 1 Prise Salz schaumig schlagen. Ei, Milch, Zucker und 25 g Mohn nach und nach unterrühren.

3 Mehl mit Backpulver auf die Eimasse sieben und unterheben. Den Teig in die Förmchen füllen und im Backofen (Mitte) 15 – 20 Min. backen. Herausnehmen, etwas abkühlen lassen, aus den Förmchen lösen und vollständig abkühlen lassen.

4 Die Konfitüre kurz aufkochen und die Gugl damit bestreichen. Den restlichen Mohn auf einen Teller geben und die Küchlein kopfüber vorsichtig hineindrücken. Die Gugl leicht mit Puderzucker bestäuben und mit Orangenzesten garnieren.

MÖHREN-NUSS-GUGLHUPF

Frühlingsgefühle auf der Kaffeetafel: Mit diesen feinen Möhren-Gugln locken Sie bestimmt auch den Osterhasen an.

1 kleine Bio-Zitrone
¼ Vanilleschote
75 g Haselnusskerne
1 Möhre (ca. 75 g)
1 Ei
75 g Zucker
Salz
Zimtpulver
1 Eiweiß
35 g Mehl
1 ½ TL Backpulver (6 g)
evtl. weiche Butter und
Mehl für die Förmchen

Für die Deko:
100 g Vollmilchkuvertüre
50 g Puderzucker
100 g Marzipanrohmasse
Lebensmittelfarbe in Orange
und Grün

Kinderliebling

Für 6 Förmchen à 100 ml
25 Min. Zubereitung (+ Zeit für die Deko) | 20 Min. Backen
Pro Stück ca. 190 kcal,
4 g EW, 10 g F, 20 g KH

1 Den Backofen auf 200° vorheizen. Die Förmchen evtl. einfetten und mit Mehl ausstäuben. Die Zitrone heiß abwaschen und abtrocknen. Die Schale fein abreiben, 1 TL Zitronensaft auspressen. Die Vanilleschote längs aufschneiden und das Mark mit einem spitzen Messer herauskratzen. Haselnüsse fein mahlen. Möhre schälen, fein raspeln und mit Zitronensaft beträufeln.

2 Das Ei trennen. Das Eigelb mit Zitronenschale, Vanillemark, Zucker sowie je 1 Prise Salz und Zimt schaumig schlagen. Die Möhren und Nüsse unterrühren. Die Eiweiße steif schlagen.

3 Das Mehl mit dem Backpulver auf die Eimasse sieben und mit einem Kochlöffel untermischen, dann den Eischnee vorsichtig unterheben. Den Teig in die Förmchen füllen. Die Küchlein im Backofen (Mitte) 15 – 20 Min. backen. Herausnehmen, etwas abkühlen lassen, dann aus den Förmchen lösen und auf einem Kuchengitter vollständig abkühlen lassen.

4 Für die Deko die Kuvertüre hacken, in einen kleinen Gefrierbeutel füllen, diesen gut verschließen und die Kuvertüre in heißem Wasser schmelzen. Dann vom Beutel eine winzige Spitze abschneiden und die Schokolade in feinen Streifen über die Guglhupfe ziehen. Den Puderzucker sieben und mit dem Marzipan verkneten. Zwei Drittel des Marzipans mit orangefarbener Lebensmittelfarbe mischen, den Rest grün färben. Aus dem Marzipan kleine Möhren modellieren und die Gugl damit dekorieren.

TIPP Kleine Kinder lieben diese saftigen Gugl – und die Küchlein passen so gut in kleine Hände. Deshalb sind sie z. B. sehr gut als Leckerei zum ersten Geburtstag geeignet. Backen Sie für die Kleinen dann eventuell mit etwas weniger Zucker.

JOHANNISBEER-GUGLHUPF

Obstgarten im Kuchen! Und das Beste: Statt Johannisbeeren können Sie jede Beere verwenden, die der Sommer gerade bietet.

100 g Rote Johannisbeeren
¼ Vanilleschote
50 g Butter
100 g Buttermilch
75 g Zucker
1 Ei | Salz
50 g Mehl
1 TL Backpulver (4 g)
70 g Haferflocken
Zucker zum Wälzen
100 g Sahne
evtl. weiche Butter und Mehl für die Förmchen

Fruchtig und frisch

Für 6 Förmchen à 100 ml
15 Min. Zubereitung | 20 Min. Backen
Pro Stück ca. 280 kcal, 5 g EW, 16 g F, 29 g KH

1 Den Backofen auf 200° vorheizen. Die Förmchen evtl. einfetten und mit Mehl ausstäuben. Die Johannisbeeren waschen, trocken tupfen und von den Rispen zupfen. Die Vanilleschote längs aufschneiden und das Mark mit einem spitzen Messer herauskratzen.

2 Die Butter zerlassen, mit Buttermilch, Vanillemark, Zucker, Ei und 1 Prise Salz mit dem Schneebesen schaumig schlagen.

3 Das Mehl mit dem Backpulver auf die Eimasse sieben und mit einem Kochlöffel unterheben. Haferflocken und 60 g Johannisbeeren kurz unterheben. Den Teig in die Förmchen füllen und im Backofen (Mitte) 15 – 20 Min. backen. Herausnehmen, etwas abkühlen lassen, dann aus den Förmchen lösen und auf einem Kuchengitter vollständig abkühlen lassen.

4 Für die Deko die restlichen Johannisbeeren in Zucker wälzen. Die Sahne steif schlagen. In einen Spritzbeutel mit Sterntülle füllen und auf die Guglhupfe spritzen. Mit den Beeren garnieren und nach Belieben noch Haferflocken über die Gugl streuen.

TIPP Schokoladenliebhaber können statt der Haferflocken auch wunderbar Schokoladen-Knuspermüsli nehmen. Das passt geschmacklich perfekt zu den säuerlichen Johannisbeeren.

APRIKOSEN-WALNUSS-GUGL

300 g Aprikosen | 1 kleine Bio-Zitrone | ¼ Vanilleschote | 2 Eier | 50 g Zucker | 2 TL Marillenschnaps (nach Belieben) | Salz | 70 g Mehl | 1 TL Backpulver (4 g) | 40 g gemahlene Walnusskerne | 100 g Sahne | evtl. weiche Butter und Mehl für die Förmchen

Nuss trifft Frucht

Für 6 Förmchen à 100 ml
25 Min. Zubereitung | 20 Min. Backen
Pro Stück ca. 280 kcal, 5 g EW, 13 g F, 35 g KH

1 Backofen auf 200° vorheizen. Die Förmchen evtl. einfetten und mit Mehl ausstäuben. Die Aprikosen waschen, halbieren, entkernen und – bis auf 4 Hälften – klein würfeln. Die Zitrone heiß abwaschen, abtrocknen und die Schale fein abreiben (es soll etwa 1 TL ergeben). Die Vanilleschote längs aufschneiden und das Mark herauskratzen.

2 Die Eier mit Zitronenschale, Vanillemark, Zucker, Marillenschnaps und 1 Prise Salz gut verquirlen.

3 Das Mehl mit dem Backpulver auf die Eimasse sieben und mit einem Kochlöffel unterheben. Die Aprikosen mit den Walnüssen kurz untermischen. Den Teig in die Förmchen füllen. Die Küchlein im Backofen (Mitte) 15 – 20 Min. backen. Herausnehmen, etwas abkühlen lassen, aus den Förmchen lösen und vollständig abkühlen lassen.

4 Für die Deko die Sahne steif schlagen, in einen Spritzbeutel mit Sterntülle füllen und auf die Guglhupfe spritzen. Die restlichen Aprikosenhälften in feine Spalten schneiden und auf die Sahne setzen.

TIPP

Statt frischer Aprikosen können Sie außerhalb der Saison 200 g Dosenfrüchte verwenden.

ZWETSCHGEN-HASELNUSS-GUGL

300 g Zwetschgen | 1 kleine Bio-Orange | ¼ Vanilleschote | 40 g geschälte Haselnusskerne (siehe Tipp S. 13) | 2 Eier | 50 g Zucker | 2 TL Zwetschgenschnaps (ersatzweise Apfelsaft) | gemahlener Sternanis und Kardamom | Zimtpulver | Salz | 70 g Mehl | 1 TL Backpulver (4 g) | 100 g Sahne | gehackte Haselnüsse (nach Belieben) | evtl. weiche Butter und Mehl für die Förmchen

Echter Herbstgenuss

Für 6 Förmchen à 100 ml
25 Min. Zubereitung | 20 Min. Backen
Pro Stück ca. 245 kcal, 5 g EW, 13 g F, 25 g KH

1 Backofen auf 200° vorheizen. Förmchen evtl. einfetten und mit Mehl ausstäuben. Zwetschgen waschen, halbieren, entkernen und – bis auf 3 Früchte – klein würfeln. Orange heiß abwaschen, abtrocknen und 1 TL Schale fein abreiben. Vanilleschote längs aufschneiden und das Mark herauskratzen. Haselnüsse im Backofen kurz rösten, abkühlen lassen und fein mahlen. Die Eier mit Orangenschale, Vanillemark, Zucker, Zwetschgenschnaps sowie je 1 Prise Sternanis, Kardamom, Zimt und Salz schaumig schlagen.

2 Das Mehl mit dem Backpulver auf die Eimasse sieben und unterheben. Zwetschgen und Nüsse kurz untermischen. Den Teig in die Förmchen füllen. Die Küchlein im Backofen (Mitte) 15 – 20 Min. backen. Herausnehmen, etwas abkühlen lassen, dann aus den Förmchen lösen und ganz abkühlen lassen.

3 Die Sahne steif schlagen, in einen Spritzbeutel mit Sterntülle füllen und auf die Gugl spritzen. Die Gugl nach Belieben mit gehackten Nüssen bestreuen.

FRANKFURTER KRÄNZLEIN

Meine Hommage an den Klassiker, der leider ein bisschen aus der Mode gekommen ist – zu Unrecht, wie ich finde. Und Sie dann bestimmt auch ...

¼ Vanilleschote
1 kleine Bio-Zitrone
1 Ei
50 ml Sonnenblumenöl
50 ml Mineralwasser
55 g Zucker
Salz
50 g Mehl
1 TL Backpulver (4 g)
evtl. weiche Butter und Mehl für die Förmchen
Zum Fertigstellen:
1 Grundrezept Buttercreme (siehe S. 5)
60 g Johannisbeerkonfitüre
Haselnusskrokant zum Bestreuen
6 Belegkirschen

Für Gäste

Für 6 Förmchen à 100 ml
45 Min. Zubereitung | 20 Min. Backen
Pro Stück ca. 425 kcal, 4 g EW, 30 g F, 35 g KH

1 Den Backofen auf 200° vorheizen. Die Förmchen evtl. einfetten und mit Mehl ausstäuben. Vanilleschote längs aufschneiden und das Mark mit einem spitzen Messer herauskratzen. Die Zitrone heiß abwaschen, abtrocknen und die Schale fein abreiben.

2 Ei, Öl, Wasser, Zucker, Zitronenschale, Vanillemark und Salz in eine Schüssel geben und schaumig rühren.

3 Das Mehl mit dem Backpulver auf die Eimasse sieben und mit einem Teigspatel rasch unterheben. Den Teig in die Förmchen füllen. Die Küchlein im Backofen (Mitte) 15 – 20 Min. backen. Herausnehmen, etwas abkühlen lassen, dann aus den Förmchen lösen und auf einem Kuchengitter ganz abkühlen lassen.

4 Inzwischen die Buttercreme wie auf S. 5 beschrieben zubereiten. Die ausgekühlten Gugl mit einem Wellenmesser quer durchschneiden. Die unteren Hälften der Gugl mit Buttercreme bestreichen. Darauf Johannisbeerkonfitüre streichen, die oberen Teile aufsetzen und leicht andrücken. Kurz kühl stellen.

5 Dann die gekühlten Gugl außen mit einem Messer mit Buttercreme bestreichen und mit Haselnusskrokant bestreuen. Die restliche Buttercreme in einen Spritzbeutel mit Sterntülle füllen und Tuffs auf die Gugl spritzen. Auf jeden Tuff 1 Belegkirsche setzen.

TIPP

Wer möchte, kann die Buttercreme für Extra-Aroma zusätzlich mit ein wenig Kirschwasser abschmecken.

SCHWARZWÄLDER GUGL

Schwarzwälder Kirschtorte liebt jeder! Und im Kleinformat sieht der Paradekuchen erst recht zum Anbeißen aus. Da bleibt kein Krümel übrig!

¼ Vanilleschote
100 g Kirschen (frisch oder aus dem Glas)
75 g weiche Butter
50 g Zucker
Salz
1 Ei
100 g Mehl
1 TL Backpulver (4 g)
15 g Kakaopulver
4 EL Milch
evtl. weiche Butter und Mehl für die Förmchen

Zum Fertigstellen:
300 g Sahne
1 Päckchen Vanillezucker
1 Päckchen Sahnesteif
40 g Schokoraspel (Zartbitter)

Machen was her

Für 6 Förmchen à 100 ml
30 Min. Zubereitung | 20 Min. Backen
Pro Stück ca. 460 kcal, 6 g EW, 32 g F, 36 g KH

1 Den Backofen auf 200° vorheizen. Die Förmchen evtl. einfetten und mit Mehl ausstäuben. Vanilleschote längs aufschneiden und das Mark mit einem spitzen Messer herauskratzen. Frische Kirschen waschen und entkernen. Kirschen aus dem Glas in einem Sieb abtropfen lassen. 6 Kirschen für die Deko beiseitelegen, den Rest in kleine Stücke schneiden (Bild 1).

2 Die Butter mit Vanillemark, Zucker und 1 Prise Salz schaumig schlagen. Dann das Ei unterrühren.

3 Das Mehl mit Backpulver und Kakao mischen, auf die Eimasse sieben und im Wechsel mit der Milch unterrühren. Den Teig in die Förmchen füllen. Die Küchlein im Ofen (Mitte) 15 – 20 Min. backen. Herausnehmen, etwas abkühlen lassen, dann aus den Förmchen lösen und auf einem Kuchengitter ganz abkühlen lassen. Die abgekühlten Gugl einmal quer durchschneiden (Bild 2).

4 Die Sahne mit Vanillezucker und Sahnesteif steif schlagen. Die Guglhupfböden mit Sahne bestreichen und die Kirschen daraufstreuen (Bild 3). Die oberen Teile auflegen und leicht andrücken. Die Gugl mit der restlichen Sahne bestreichen und mit Schokoraspeln bestreuen. Mit je 1 Kirsche dekorieren.

TIPP

Wer mag, kann die Sauerkirschen aus dem Glas auch noch leicht einkochen: Dafür ½ Päckchen Vanillepuddingpulver nach Packungsangabe mit Zucker und Kirschsaft aufkochen. Die Kirschen hineingeben, die Masse abkühlen lassen und wie beschrieben auf den Guglhupfböden verteilen.

1

2

3

SCHOKOLECKER

Schokolade ist für mich der beste Seelenstreichler. Wenn auch Sie gute Laune naschen möchten, können Sie hier aus dem Vollen schöpfen: Ob Nugat-Krokant-, Whiskey-Schoko-, Sacher- oder Stracciatella-Gugl, alle machen einfach schokoglücklich.

ORANGEN-GUGLHUPF

Für die lass ich alles stehen: Dank Schoko, Nuss und Orange haben diese Gugl echtes Suchtpotenzial.

40 g Paranusskerne (siehe Tipp)
1 Bio-Orange
50 g Zartbitterkuvertüre
50 g Butter
55 g Zucker
Salz | 1 Ei
60 g Mehl
1 TL Backpulver (4 g)
evtl. weiche Butter und Mehl für die Förmchen

Für die Deko:
100 g weiße Kuvertüre
Zucker zum Wälzen

Glücklichmacher

Für 6 Förmchen à 100 ml
15 Min. Zubereitung | 20 Min. Backen
Pro Stück ca. 355 kcal, 5 g EW, 22 g F, 33 g KH

1 Den Backofen auf 200° vorheizen. Die Förmchen evtl. einfetten und mit Mehl ausstäuben. Die Paranüsse hacken. Die Orange heiß abwaschen, abtrocknen und etwa 1 ½ TL Schale fein abreiben. Die übrige Schale mit dem Zestenreißer abziehen, ggf. blanchieren (siehe Umschlagklappe hinten) und für die Deko beiseitestellen. Den Saft auspressen (es sollten 60 ml Saft ergeben). Die Kuvertüre fein hacken.

2 Den Orangensaft erhitzen, auf die gehackte Kuvertüre gießen und rühren, bis eine glatte Masse entstanden ist. Die Butter zerlassen und mit Orangenschale, Zucker, 1 Prise Salz und der Orangen-Schoko-Masse schaumig rühren. Das Ei unterrühren.

3 Das Mehl mit Backpulver auf die Eimasse sieben und unterheben. Die gemahlenen Nüsse untermischen. Den Teig in die Förmchen füllen und im Backofen (Mitte) 15–20 Min. backen. Die Küchlein herausnehmen, etwas abkühlen lassen, aus den Förmchen lösen und auf einem Kuchengitter ganz abkühlen lassen.

4 Für die Deko die Kuvertüre hacken und über dem heißen Wasserbad schmelzen. Über die Gugl laufen lassen. Die Orangenzesten in Zucker wälzen und die Gugl damit garnieren.

TIPP Der Paranussbaum wächst wild in den tropischen Regenwäldern Südamerikas. Von den köstlichen Nüssen sollte man wegen des in den Schalen enthaltenen Aflatoxins nicht zu viele auf einmal verzehren – kleine Mengen in Mini-Gugln sind aber kein Thema! Sie können die Nüsse mit den dünnen Häutchen verwenden, sie brauchen nicht geschält werden.

STRACCIATELLA-GUGLHUPF

50 g Zartbitterkuvertüre | 50 g Pinienkerne | 1 kleine Bio-Zitrone | ¼ Vanilleschote | 50 ml Sonnenblumenöl | 50 g Zucker | 1 Ei | Salz | 75 g Mascarpone | 75 g Mehl | 1 TL Backpulver (4 g) | evtl. weiche Butter und Mehl für die Förmchen

All' italiana

Für 6 Förmchen à 100 ml
15 Min. Zubereitung | 20 Min. Backen
Pro Stück ca. 340 kcal, 5 g EW, 25 g F, 25 g KH

1 Den Backofen auf 200° vorheizen. Die Förmchen evtl. einfetten und mit Mehl ausstäuben. Die Kuvertüre hacken. Die Pinienkerne im Blitzhacker fein mahlen. Die Zitrone heiß abwaschen und abtrocknen. Von einer Hälfte die Schale fein abreiben (es soll etwa 1 TL ergeben). Die Vanilleschote längs aufschneiden und das Mark herauskratzen.

2 Das Öl mit Vanillemark, Zitronenschale, Zucker, Ei und 1 Prise Salz schaumig schlagen. Dann den Mascarpone unterrühren.

3 Das Mehl mit dem Backpulver auf die Eimasse sieben und mit einem Kochlöffel unterheben. Die Kuvertüre mit den Pinienkernen ebenfalls untermischen. Den Teig in die Förmchen füllen. Die Küchlein im Backofen (Mitte) 15 – 20 Min. backen. Herausnehmen, etwas abkühlen lassen, dann die Küchlein aus den Förmchen lösen und auf einem Kuchengitter ganz abkühlen lassen.

TIPP

Um den Pinienkernen ein intensiveres Aroma zu geben, kann man sie vor dem Mahlen in der Pfanne ohne Fett kurz anrösten.

NUGAT-KROKANT-GUGLHUPF

½ säuerlicher Apfel (z. B. Boskop) | ¼ Vanilleschote | 40 ml Sonnenblumenöl | 60 g Zucker | 1 Ei | 2 EL Kefir (35 g) | 130 g weicher Haselnussnugat | Salz | 120 g Mehl | 2 TL Backpulver (8 g) | 70 g Haselnusskrokant | 50 g Zartbitter-Schokodrops | evtl. weiche Butter und Mehl für die Förmchen

Schön saftig

Für 6 Förmchen à 100 ml
15 Min. Zubereitung | 20 Min. Backen
Pro Stück ca. 415 kcal, 6 g EW, 20 g F, 54 g KH

1 Den Backofen auf 200° vorheizen. Die Förmchen evtl. einfetten und mit Mehl ausstäuben. Den Apfel schälen, entkernen (es soll ca. 50 g Fruchtfleisch ergeben) und in kleine Stücke schneiden. Die Vanilleschote längs aufschneiden und das Mark mit einem spitzen Messer herauskratzen.

2 Das Öl mit Vanillemark, Zucker, Ei, Kefir, 30 g Nugat und 1 Prise Salz schaumig schlagen. Mehl mit Backpulver auf die Eimasse sieben und unterheben. Apfelwürfel, 40 g Krokant und Schokodrops untermischen. Teig in die Förmchen füllen und im Backofen (Mitte) 15 – 20 Min. backen. Herausnehmen, etwas abkühlen lassen, aus den Förmchen lösen und auf einem Kuchengitter abkühlen lassen.

3 Den restlichen Nugat über dem heißen Wasserbad auflösen und mit einem Esslöffel über die Gugl laufen lassen. Sofort mit dem restlichen Krokant bestreuen und trocknen lassen.

ESPRESSO-GUGLHUPF

Ein Muntermacher in Kuchenform! Und mit der Schoko-Buttercreme-Füllung in der Mitte ist er auch beinahe noch ein Sattmacher.

1 kleine Bio-Orange
¼ Vanilleschote
75 ml Sonnenblumenöl
75 g Zucker
1 Ei
2 TL Instant-Espressopulver (8 g; siehe Tipp)
1 EL Milch (20 ml)
Salz
100 g Mehl
2 TL Backpulver (8 g)
20 g Kakaopulver
evtl. weiche Butter und Mehl für die Förmchen

Für die Füllung:

1 Grundrezept Buttercreme (siehe S. 5)
70 g Zartbitterkuvertüre
1 TL Instant-Espresso-pulver (4 g)
1 EL brauner Rum

Für die Deko:

Espressobohnen
Kakaopulver zum Bestäuben (nach Belieben)

Eine perfekte Kombi

Für 6 Förmchen à 100 ml
45 Min. Zubereitung | 20 Min. Backen
Pro Stück ca. 550 kcal, 6 g EW, 39 g F, 42 g KH

1 Den Backofen auf 200° vorheizen. Die Förmchen evtl. einfetten und mit Mehl ausstäuben. Die Orange heiß abwaschen und abtrocknen. Von einer Hälfte die Schale fein abreiben (es soll etwa 1 TL ergeben). Die Vanilleschote längs aufschneiden und das Mark mit einem spitzen Messer herauskratzen.

2 Das Öl mit Orangenschale, Vanillemark, Zucker, Ei, Espressopulver, Milch und 1 Prise Salz schaumig schlagen.

3 Mehl mit Backpulver und Kakaopulver auf die Eimasse sieben und mit einem Teigspatel unterheben. Den Teig in die Förmchen füllen. Die Küchlein im Backofen (Mitte) 15 – 20 Min. backen. Herausnehmen, etwas abkühlen lassen, dann aus den Förmchen lösen und auf einem Kuchengitter ganz abkühlen lassen.

4 Inzwischen für die Füllung die Buttercreme wie auf S. 5 beschrieben zubereiten. Die Kuvertüre hacken, über dem heißen Wasserbad schmelzen (siehe S. 41), kurz abkühlen lassen und unter die Buttercreme rühren. Das Espressopulver im Rum auflösen und ebenfalls unterrühren.

5 Die ausgekühlten Guglhupfe quer durchschneiden. Die Buttercreme in einen Spitzbeutel mit Lochtülle füllen und auf die unteren Teile der Guglhupfe spritzen. Die oberen Teile aufsetzen und leicht andrücken. Die Guglhupfe nach Belieben leicht mit Kakaopulver bestäuben. Die restliche Creme als Tupfen auf die Küchlein setzen und mit Espressobohnen verzieren.

TIPP

Statt Milch und Kaffeepulver können Sie auch frischen Espresso nehmen. Dafür etwa 6 cl Espresso auf 3 cl einkochen lassen und 2 cl für den Teig und 1 cl statt Pulver und Rum für die Buttercreme verwenden.

EIERLIKÖR-GUGLHUPF

30 g Zartbitterkuvertüre | 1 kleine Bio-Zitrone | ¼ Vanilleschote | 60 g weiche Butter | Safranfäden (nach Belieben) | 45 g Zucker | Salz | 1 Ei | 1 TL brauner Rum | 3 – 4 EL Eierlikör | 60 g Mehl | 1 TL Backpulver (4 g) | 100 g Puderzucker | evtl. weiche Butter und Mehl für die Förmchen

Wie bei Oma

Für 6 Förmchen à 100 ml
15 Min. Zubereitung | 20 Min. Backen
Pro Stück ca. 220 kcal, 3 g EW, 13 g F, 21 g KH

1 Den Backofen auf 200° vorheizen. Die Förmchen evtl. einfetten und mit Mehl ausstäuben. Die Kuvertüre grob hacken. Die Zitrone heiß abwaschen und abtrocknen. Von einer Hälfte etwa 1 TL Schale fein abreiben. Die Vanilleschote längs aufschneiden und das Mark mit einem spitzen Messer herauskratzen.

2 Die Butter mit Zitronenschale, Vanillemark, nach Wunsch etwas zerriebenem Safran, Zucker und 1 Prise Salz schaumig schlagen. Ei, Rum und die Hälfte des Eierlikörs unterrühren.

3 Das Mehl mit dem Backpulver auf die Eimasse sieben und unterheben. Die Kuvertüre untermischen. Den Teig in die Förmchen füllen und im Backofen (Mitte) 15 – 20 Min. backen. Herausnehmen, etwas abkühlen lassen, aus den Förmchen lösen und auf einem Kuchengitter abkühlen lassen.

4 Für die Deko den Puderzucker in ein Schälchen sieben, mit dem restlichen Eierlikör verrühren und über die Guglhupfe laufen lassen.

TIPP

Der Safran gibt dem Eierlikör-Guglhupf noch eine besonders schöne gelbe Farbe.

WHISKEY-SCHOKO-GUGL

30 g Zartbitterkuvertüre | ½ Bio-Orange | ¼ Vanilleschote | 60 g weiche Butter | frisch geriebene Muskatnuss | Salz | 45 g Zucker | 1 Ei | 1 TL brauner Rum | 3 EL Whiskey-Sahnelikör | 60 g Mehl | 1 TL Backpulver (4 g) | evtl. weiche Butter und Mehl für die Förmchen | Kakaopulver zum Bestäuben

Küchlein mit Schwips

Für 6 Förmchen à 100 ml
15 Min. Zubereitung | 20 Min. Backen
Pro Stück ca. 225 kcal, 4 g EW, 14 g F, 20 g KH

1 Den Backofen auf 200° vorheizen. Die Förmchen evtl. einfetten und mit Mehl ausstäuben. Die Kuvertüre grob hacken. Die Orangenhälfte heiß abwaschen, abtrocknen und etwa 1 TL Schale fein abreiben. Die Vanilleschote längs aufschneiden und das Mark herauskratzen.

2 Die Butter mit Vanillemark, Orangenschale sowie je 1 Prise Muskatnuss und Salz und dem Zucker schaumig schlagen. Ei, Rum und Sahnelikör nach und nach unter den Teig rühren.

3 Das Mehl mit Backpulver und 10 g Kakaopulver auf die Eimasse sieben und unterheben. Die Kuvertüre untermischen. Den Teig in die Förmchen füllen und im Backofen (Mitte) 15 – 20 Min. backen.

4 Die Küchlein herausnehmen, etwas abkühlen lassen, aus den Förmchen lösen und auf einem Kuchengitter ganz abkühlen lassen. Die Guglhupfe leicht mit Kakaopulver bestäuben.

MACADAMIA-CHILI-GUGLHUPF

Achtung, scharf! Aber keine Angst: Naschkatzen erkennen vor dem ersten Biss ja schon an der Deko, dass sie hier eine (Geschmacks-)Überraschung erleben werden.

45 g Macadamianusskerne
1 kleine Bio-Orange
¼ Vanilleschote
50 g Zartbitterkuvertüre
60 g Sahne
50 g Butter
55 g Zucker
Salz
Chilipulver
1 Ei
60 g Mehl
1 TL Backpulver (4 g)
evtl. weiche Butter und Mehl für die Förmchen

Für die Deko:
100 g Zartbitterkuvertüre
6 kleine Chilischoten

Edle Nascherei

Für 6 Förmchen à 100 ml
15 Min. Zubereitung | 20 Min. Backen
Pro Stück ca. 380 kcal, 5 g EW, 27 g F, 31 g KH

1 Den Backofen auf 200° vorheizen. Die Förmchen evtl. einfetten und mit Mehl ausstäuben. Die Macadamianüsse hacken. Die Orange heiß abwaschen und abtrocknen. Von einer Hälfte etwa 1 TL Schale fein abreiben. Übrige Schale mit dem Zestenreißer abziehen, ggf. blanchieren (siehe Umschlagklappe hinten) und für die Deko beiseitestellen. Die Vanilleschote längs aufschneiden und das Mark mit einem spitzen Messer herauskratzen. Die Kuvertüre fein hacken und in ein Schälchen geben.

2 Die Sahne erhitzen, auf die gehackte Kuvertüre gießen und rühren, bis die Masse glatt ist. Die Butter zerlassen und mit Orangenschale, Vanillemark, Zucker, je 1 Prise Salz und Chilipulver sowie der Schokosahne schaumig rühren. Das Ei unterrühren.

3 Das Mehl mit dem Backpulver auf die Eimasse sieben und unterheben. Die Nüsse untermischen. Den Teig in die Förmchen füllen und im Backofen (Mitte) 15 – 20 Min. backen. Herausnehmen, etwas abkühlen lassen, aus den Förmchen lösen und auf einem Kuchengitter abkühlen lassen.

4 Für die Deko die Kuvertüre hacken und über dem heißen Wasserbad schmelzen (siehe S. 41). Die Gugl damit bestreichen, mit den Orangenzesten und Chilischoten garnieren.

SACHER-GUGLHUPF

Ich liebe die österreichische Küche! Da darf eine Mini-Variante der berühmten Sachertorte in diesem Buch nicht fehlen.

45 g Mandeln
¼ Vanilleschote
150 g Zartbitterkuvertüre
60 g Sahne
50 g Butter
55 g Zucker
Salz
Zimtpulver
1 Ei
60 g Mehl
1 TL Backpulver (4 g)
100 g Preiselbeerkonfitüre
evtl. weiche Butter und Mehl für die Förmchen

Wiener Klassiker

Für 6 Förmchen à 100 ml
25 Min. Zubereitung | 20 Min. Backen
Pro Stück ca. 410 kcal, 6 g EW, 25 g F, 41 g KH

1 Den Backofen auf 200° vorheizen. Die Förmchen evtl. einfetten und mit Mehl ausstäuben. Die Mandeln grob hacken. Die Vanilleschote längs aufschneiden und das Mark herauskratzen.

2 Die Kuvertüre fein hacken und 50 g in ein Schälchen geben. Die Sahne erhitzen, daraufgießen und glatt rühren. Die Butter zerlassen und mit Vanillemark, Zucker, je 1 Prise Salz und Zimt sowie der Sahne-Schoko-Masse schaumig rühren. Das Ei unterrühren.

3 Das Mehl mit dem Backpulver auf die Eimasse sieben und unterheben. Mandeln untermischen. Teig in die Förmchen füllen und im Backofen (Mitte) 15–20 Min. backen. Herausnehmen, etwas abkühlen lassen, aus den Förmchen lösen und auf einem Kuchengitter abkühlen lassen. Die ausgekühlten Gugl quer durchschneiden.

4 Die unteren Guglhälften mit Preiselbeerkonfitüre bestreichen, die oberen Hälften auflegen und diese leicht andrücken.

5 Die restliche gehackte Kuvertüre über dem heißen Wasserbad schmelzen (Bild 1). Mit der Unterlippe testen, ob sie körperwarm (32°) ist. Sollte sie zu warm geworden sein, einfach noch etwas gehackte Kuvertüre langsam unterrühren (Bild 2). Dies nennt man »impfen«, man bringt die Kuvertüre wieder auf die richtige Temperatur. Wichtig: Die Masse dabei nicht schaumig rühren.

6 Die Gugl auf das Kuchengitter stellen, zügig mit der temperierten Kuvertüre übergießen (Bild 3) und diese trocknen lassen.

1

2

3

RAFFINIERT

Das Schönste am Backen ist für mich, immer wieder etwas Neues auszuprobieren. Und die kleinen, trendigen Gugl sind wie gemacht für einen Hauch Extravaganz. Probieren Sie doch mal, wie gut sich Tonkabohne, Lavendel oder Basilikum im Kuchenteig machen.

HEIDELBEER-JOGHURT-GUGL

Sommerfrische aus dem Backofen: Wer es richtig joghurtleicht mag, bestäubt die fertigen Gugl nur mit Puderzucker.

100 g Heidelbeeren
1 kleine Bio-Zitrone
¼ Vanilleschote
60 g Butter
60 g Zucker
Salz
1 Tonkabohne (siehe Tipp)
1 Ei
50 g griechischer Naturjoghurt (oder Sahnejoghurt)
110 g Mehl
1 TL Backpulver (4 g)
evtl. weiche Butter und Mehl für die Förmchen

Für die Deko:
100 g weiße Kuvertüre
100 g Sahne
6 Pfefferminzblätter

Zum Gäste-Verwöhnen

Für 6 Förmchen à 100 ml
25 Min. Zubereitung | 20 Min. Backen
Pro Stück ca. 360 kcal, 5 g EW, 22 g F, 36 g KH

1 Den Backofen auf 200° vorheizen. Die Förmchen evtl. einfetten und mit Mehl ausstäuben. Die Heidelbeeren waschen und abtropfen lassen, 6 schöne Beeren für die Deko beiseitelegen. Die Zitrone heiß abwaschen, abtrocknen und 1 TL Schale abreiben. Die Vanilleschote längs aufschneiden und das Mark herauskratzen.

2 Die Butter zerlassen, mit Zitronenschale, Vanillemark, Zucker und 1 Prise Salz in eine Schüssel geben. 1 Prise Tonkabohne auf der Muskatreibe dazureiben und alles schaumig schlagen. Das Ei und den Joghurt nacheinander unterrühren.

3 Das Mehl mit dem Backpulver mischen, auf die Eimasse sieben und unterheben. Die Beeren ebenfalls untermischen und den Teig in die Förmchen füllen. Im Backofen (Mitte) 15 – 20 Min. backen. Herausnehmen, etwas abkühlen lassen, dann aus den Förmchen lösen und auf einem Kuchengitter ganz abkühlen lassen.

4 Für die Deko die Kuvertüre hacken, in einen kleinen Gefrierbeutel füllen, diesen gut verschließen und die Kuvertüre in heißem Wasser schmelzen. Dann vom Beutel eine winzige Spitze abschneiden und die Schokolade in feinen Streifen über die Guglhupfe ziehen. Die Sahne steif schlagen, in einen Spritzbeutel mit Sterntülle füllen und auf die Gugl spritzen. Jeden Gugl mit 1 Heidelbeere und 1 Pfefferminzblatt dekorieren.

TIPP

Tonkabohne bekommen Sie im Gewürzshop oder im gut sortierten Supermarkt. Sie verleiht dem Gugl einen feinen Marzipangeschmack. Immer ganze Tonkabohnen nehmen und diese auf der Muskatreibe frisch reiben.

HIMBEER-LAVENDEL-GUGL

65 g Himbeeren | ¼ Vanilleschote | 2 – 3 EL Limoncello (ital. Zitronenlikör) | 70 g Frischkäse | 40 g Schmand | 125 g Puderzucker | 1 Ei | 1 Eigelb | 4 g Lavendelblüten + Blüten für die Deko | Salz | 70 g Mehl | 2 TL Backpulver (8 g) | ungesalzene Pistazienkerne | evtl. weiche Butter und Mehl für die Förmchen

Sommerleicht

Für 6 Förmchen à 100 ml
25 Min. Zubereitung | 20 Min. Backen
Pro Stück ca. 240 kcal, 5 g EW, 7 g F, 37 g KH

1 Den Backofen auf 200° vorheizen. Die Förmchen evtl. einfetten und mit Mehl ausstäuben. Die Himbeeren verlesen, evtl. vorsichtig waschen und abtropfen lassen. Dann fein pürieren. Die Vanilleschote längs aufschneiden und das Mark mit einem spitzen Messer herauskratzen.

2 Das Himbeermark mit 1 EL Zitronenlikör, Frischkäse, Schmand, Vanillemark, 2 EL Puderzucker, Ei, Eigelb, Lavendelblüten und 1 Prise Salz mit dem Schneebesen schaumig schlagen.

3 Mehl und Backpulver auf die Eimasse sieben und unterrühren. Den Teig in die Förmchen füllen. Die Küchlein im Backofen (Mitte) 15 – 20 Min. backen. Herausnehmen, etwas abkühlen lassen, dann aus den Förmchen lösen und auf einem Kuchengitter ganz abkühlen lassen.

4 Für die Deko den übrigen Puderzucker sieben, mit dem restlichen Likör verrühren und in einen Mini-Spritzbeutel (siehe Umschlagklappe hinten) füllen. Den Zuckerguss in feinen Streifen über die Guglhupfe spritzen und die Küchlein mit ein paar Lavendelblüten bestreuen.

CRANBERRY-GUGLHUPF

¼ Vanilleschote | 75 g Walnusskerne | 85 g weiche Butter | 1 EL Akazienhonig (25 g) | 50 g brauner Zucker | Salz | Nelkenpulver | gemahlener Piment | 1 Ei | 75 g Mehl | 60 g getrocknete Cranberrys | 2 TL Backpulver (8 g) | 100 g Aprikosenkonfitüre | 1 Päckchen Zuckerguss (Fertigprodukt) | evtl. weiche Butter und Mehl für die Förmchen

Herbstlich

Für 6 Förmchen à 100 ml
25 Min. Zubereitung | 20 Min. Backen
Pro Stück ca. 530 kcal, 5 g EW, 23 g F, 75 g KH

1 Den Backofen auf 200° vorheizen. Die Förmchen evtl. einfetten und mit Mehl ausstäuben. Die Vanilleschote längs aufschneiden und das Mark mit einem spitzen Messer herauskratzen. Die Walnüsse fein mahlen.

2 Die Butter mit Vanillemark, Honig, Zucker sowie je 1 Prise Nelke, Piment und Salz schaumig schlagen. Dann das Ei unterrühren.

3 Mehl und Backpulver auf die Eimasse sieben und mit einem Teigspatel unterheben. 30 g Cranberrys und die Walnüsse unterheben. Den Teig in die Förmchen füllen. Küchlein im Backofen (Mitte) 15 – 20 Min. backen. Herausnehmen, abkühlen lassen, aus den Förmchen lösen und auf einem Kuchengitter ganz abkühlen lassen.

4 Die Aprikosenkonfitüre aufkochen, auf die Guglhupfe streichen und abkühlen lassen. Zuckerguss im heißen Wasserbad nach Packungsangabe erwärmen und auf die erkaltete Konfitüre streichen. Die restlichen Cranberrys fein hacken und die Gugl damit bestreuen.

ERDBEER-BASILIKUM-GUGL

12 Blätter Basilikum | 1 kleine Bio-Zitrone | ¼ Vanilleschote | 60 g reife Erdbeeren + 6 kleine Beeren für die Deko | 40 g weiche Butter | 35 g Puderzucker | 1 Ei (Größe S) | Salz | 120 g Sahne | 50 g Mehl | 1 TL Backpulver (4 g) | evtl. weiche Butter und Mehl für die Förmchen

Unbedingt probieren!

Für 6 Förmchen à 100 ml
25 Min. Zubereitung | 20 Min. Backen
Pro Stück ca. 200 kcal, 3 g EW, 14 g F, 15 g KH

1 Den Backofen auf 200° vorheizen. Die Förmchen evtl. einfetten und mit Mehl ausstäuben. 6 Basilikumblätter fein hacken. Die Zitrone heiß abwaschen, abtrocknen und etwa 1 TL Schale fein abreiben. Die Vanilleschote längs aufschneiden und das Mark herauskratzen. Die Erdbeeren waschen, trocken tupfen, entkelchen und in kleine Würfel schneiden.

2 Die Butter mit Zitronenschale, Vanillemark, Puderzucker, Ei, dem gehackten Basilikum und 1 Prise Salz schaumig schlagen. Die Sahne steif schlagen und 2 EL unter den Teig heben.

3 Das Mehl mit dem Backpulver auf die Masse sieben und unterheben. Die Erdbeerwürfel untermischen. Den Teig in die Förmchen füllen und im Backofen (Mitte) 15 – 20 Min. backen. Herausnehmen, etwas abkühlen lassen, aus den Förmchen lösen und auf einem Kuchengitter abkühlen lassen.

4 Für die Deko die Erdbeeren waschen, putzen und in Fächer oder Scheiben schneiden. Die restliche Sahne in einen Spritzbeutel mit Sterntülle füllen und auf die Gugl spritzen. Die Gugl mit Erdbeeren und übrigen Basilikumblättern garnieren.

ORANGEN-KIWI-GUGL

1 reife Kiwi | 2 kleine Bio-Orangen | ½ Vanilleschote | 80 g weiche Butter | 70 g Puderzucker | 2 Eier | 2 TL Orangenlikör | Salz | 40 g Sahne | 100 g Mehl | 100 g Zartbitterkuvertüre | evtl. weiche Butter und Mehl für die Förmchen

Ein Hauch Exotik

Für 6 Förmchen à 100 ml
25 Min. Zubereitung | 20 Min. Backen
Pro Stück ca. 365 kcal, 6 g EW, 23 g F, 34 g KH

1 Backofen auf 200° vorheizen. Die Förmchen evtl. einfetten und mit Mehl ausstäuben. Kiwi schälen und das Fruchtfleisch klein würfeln. Orangen heiß abwaschen und abtrocknen. Von 1 Orange die Schale fein abreiben (etwa 1 TL). Von der anderen die Schale mit dem Zestenreißer abziehen und beiseitelegen. Vanilleschote längs aufschneiden und das Mark herauskratzen.

2 Die Butter mit Orangenschale, Vanillemark, Puderzucker, Eiern, Orangenlikör und 1 Prise Salz cremig schlagen. Die Sahne steif schlagen und unter den Teig heben.

3 Mehl auf die Masse sieben und unterheben. Die Kiwiwürfel untermischen. Teig in die Förmchen füllen und im Backofen (Mitte) 15–20 Min. backen. Herausnehmen, etwas abkühlen lassen, aus den Förmchen lösen und ganz abkühlen lassen.

4 Für die Deko die Kuvertüre hacken, in einen kleinen Gefrierbeutel füllen, diesen gut verschließen und die Kuvertüre in heißem Wasser schmelzen. Den Beutel gut abtrocknen, eine winzige Spitze abschneiden und die Schokolade in feinen Streifen über die Guglhupfe ziehen. Die Orangenzesten nach Wunsch blanchieren (siehe Tipp Umschlagklappe hinten) und die Gugl damit garnieren.

CASSIS-GUGLHUPF

Mit Mascarpone und dem Mark von Schwarzen Johannisbeeren sind diese Küchlein ein fruchtig-cremiger Sommertraum.

150 g Schwarze Johannisbeeren (siehe Tipp)
¼ Vanilleschote
3 TL Cassislikör
70 g Mascarpone
40 g Schmand
25 g Puderzucker
1 Ei
1 Eigelb
Salz
70 g Mehl
2 TL Backpulver (8 g)
evtl. weiche Butter und Mehl für die Förmchen

Für die Füllung:

1 Grundrezept Buttercreme (siehe S. 5)

Für die Deko:

Schwarze Johannisbeeren
Pfefferminzblätter

Die haben's in sich

Für 6 Förmchen à 100 ml
45 Min. Zubereitung | 20 Min. Backen
Pro Stück ca. 400 kcal, 6 g EW, 30 g F, 26 g KH

1 Den Backofen auf 200° vorheizen. Die Förmchen evtl. einfetten, mit Mehl ausstäuben und auf das Ofengitter stellen.

2 Die Johannisbeeren waschen, abtropfen lassen und pürieren. 80 g Mark abnehmen, den Rest beiseitestellen. Die Vanilleschote längs aufschneiden und das Mark herauskratzen.

3 Das Fruchtmark mit 2 TL Cassislikör, Mascarpone, Schmand, Vanillemark, Puderzucker, Ei, Eigelb und 1 Prise Salz mit dem Schneebesen schaumig schlagen.

4 Das Mehl und das Backpulver auf die Masse sieben und unterrühren. Den Teig in die Förmchen füllen. Die Küchlein im Backofen (Mitte) 15–20 Min. backen. Herausnehmen, etwas abkühlen lassen, dann aus den Förmchen lösen und auf einem Kuchengitter ganz abkühlen lassen. Anschließend quer durchschneiden.

5 Die Buttercreme wie auf S. 5 beschrieben zubereiten und das restliche Johannisbeermark unterrühren. Mit dem übrigen Cassislikör abschmecken. Die Buttercreme in einen Spritzbeutel mit Lochtülle füllen und auf die unteren Teile der Guglhupfe spritzen. Die oberen Teile aufsetzen und leicht andrücken. Die restliche Creme in Tupfen auf die Guglhupfe spritzen und mit Johannisbeeren und Pfefferminze verziert servieren.

TIPP

Wenn Sie die Zeit haben, frieren Sie die Johannisbeeren zuerst ein: Das Püree hat dann eine intensivere Farbe als bei frischen Beeren. Sie bekommen keine Schwarzen Johannisbeeren? Dann nehmen Sie einfach gemischte Beeren. Statt Mascarpone und Schmand können Sie auch 120 g Crème fraîche und statt Cassislikör Johannisbeersaft verwenden.

MANGO-KOKOS-GUGLHUPF

1 kleine Bio-Zitrone | 1 kleine Mango | 60 g Butter | 60 g Puderzucker | Salz | Safranfäden | 1 Ei | 50 g Kefir | 120 g Mehl | 1 TL Backpulver (4 g) | 25 g Kokosflocken | Puderzucker zum Bestäuben | evtl. weiche Butter und Mehl für die Förmchen

Kleine Hingucker

Für 6 Förmchen à 100 ml
25 Min. Zubereitung | 20 Min. Backen
Pro Stück ca. 250 kcal, 4 g EW, 12 g F, 32 g KH

1 Den Backofen auf 200° vorheizen. Die Förmchen evtl. einfetten und mit Mehl ausstäuben. Die Zitrone heiß abwaschen und abtrocknen. Die Schale fein abreiben (es soll etwa 1 TL ergeben). Die Mango schälen, das Fruchtfleisch in Spalten vom Kern schneiden und 60 g davon klein würfeln, den Rest für die Deko beiseitestellen.

2 Die Butter zerlassen, mit Zitronenschale, Puderzucker sowie je 1 Prise Salz und zerriebenem Safran mit dem Handrührgerät schaumig schlagen. Ei und Kefir nacheinander unterrühren.

3 Mehl und Backpulver mischen, auf die Masse sieben und mit einem Kochlöffel unterheben. Mangowürfel und Kokosflocken ebenfalls untermischen. Den Teig in die Förmchen füllen. Die Küchlein im Backofen (Mitte) 15 – 20 Min. backen. Herausnehmen, etwas abkühlen lassen, dann aus den Förmchen lösen und auf einem Kuchengitter ganz abkühlen lassen.

4 Für die Deko die restlichen Mangospalten fein schneiden. Die Guglhupfe mit Puderzucker bestäuben. Die Mangospalten so in die Gugl legen, dass sie kleine Rosen ergeben.

ORIENT-GUGLHUPF

¼ Vanilleschote | 40 g Datteln | 60 g Cashewkerne | ½ Banane | 75 g weiche Butter | 1 Ei | 75 g Zucker | Safranfäden | Salz | 50 g Mehl | 1 TL Backpulver (4 g) | 100 g Aprikosenkonfitüre | evtl. weiche Butter und Mehl für die Förmchen

Schön würzig

Für 6 Förmchen à 100 ml
25 Min. Zubereitung | 20 Min. Backen
Pro Stück ca. 340 kcal, 5 g EW, 18 g F, 35 g KH

1 Den Backofen auf 200° vorheizen. Die Förmchen evtl. einfetten und mit Mehl ausstäuben. Die Vanilleschote längs aufschneiden und das Mark mit einem spitzen Messer herauskratzen. Die Datteln entkernen und klein schneiden. Die Cashewkerne grob hacken. Die Banane schälen, längs vierteln und in kleine Würfel schneiden.

2 Die Butter zerlassen. Das Ei trennen. Die flüssige Butter mit Eigelb, Vanillemark, Zucker sowie je 1 Prise zerriebenem Safran und Salz schaumig schlagen. Das Eiweiß steif schlagen.

3 Das Mehl mit dem Backpulver auf die Eimasse sieben und mit einem Kochlöffel unterheben, dann den Eischnee untermischen. Banane, 50 g Cashewkerne und Datteln ebenfalls untermischen. Den Teig in die Förmchen füllen. Die Küchlein im Ofen (Mitte) 15–20 Min. backen. Herausnehmen, etwas abkühlen lassen, dann aus den Förmchen lösen und auf einem Kuchengitter ganz abkühlen lassen.

4 Die Aprikosenkonfitüre kurz aufkochen und die Gugl damit bestreichen. Mit Safranfäden und den restlichen Cashewkernen garnieren.

KÜRBIS-NUSS-GUGLHUPF

Diese herbstlichen Küchlein bleiben durch das Kürbisfleisch schön saftig. Der Hefeteig macht etwas Mühe, aber die lohnt sich!

1 kleine Bio-Orange
125 ml Milch
10 g Kürbiskerne
200 g Mehl
¼ Würfel Hefe (12 g)
Salz
40 g Butter
35 g Zucker
100 g Muskatkürbisfleisch
50 g gemahlene Walnusskerne
evtl. weiche Butter und
Mehl für die Förmchen
Für die Deko:
100 g weiße Kuvertüre
35 g Kürbiskerne

Brauchen etwas Zeit

Für 6 Förmchen à 100 ml
35 Min. Zubereitung |
ca. 1 Std. 30 Min. Gehen |
20 Min. Backen
Pro Stück ca. 415 kcal,
9 g EW, 23 g F, 44 g KH

1 Die Förmchen evtl. einfetten und mit Mehl ausstäuben. Die Orange heiß abwaschen und abtrocknen. Die Schale fein abreiben (es soll etwa 1 TL ergeben). Die Milch erwärmen. Die Kürbiskerne mit einem Messer klein hacken.

2 Das Mehl in eine Schüssel sieben und eine Mulde hineindrücken. Die zerbröckelte Hefe und 2 EL Milch in die Mulde geben und mit etwas Mehl vom Rand glatt rühren (Bild 1). Den Vorteig mit einem sauberen Küchentuch abdecken und an einem warmen Ort ca. 20 Min. gehen lassen. Anschließend mit der restlichen Milch, Salz, Zucker, Orangenschale und Butter zu einem glatten Teig kneten. Diesen wieder abgedeckt 50 Min. gehen lassen.

3 Den Kürbis auf der Gemüsereibe fein raspeln. Mit den Walnüssen und Kürbiskernen unter den Teig kneten (Bild 2). Den Teig in sechs Stücke teilen, jedes zu einer Rolle von ca. 15 cm Länge formen und in die Förmchen legen. Den Teig in den Förmchen abgedeckt nochmals 20 Min. gehen lassen (Bild 3). Inzwischen den Backofen auf 200° vorheizen.

4 Die Küchlein im Backofen (Mitte) ca. 20 Min. backen. Herausnehmen, etwas abkühlen lassen, dann aus den Förmchen lösen und auf einem Kuchengitter ganz abkühlen lassen.

5 Für die Deko die Kuvertüre hacken, in einen kleinen Gefrierbeutel füllen, diesen gut verschließen und die Kuvertüre in heißem Wasser schmelzen. Den Beutel gut abtrocknen, eine winzige Spitze abschneiden und die Schokolade in feinen Streifen über die Guglhupfe ziehen. Mit den Kürbiskernen bestreuen.

1

2

3

LATTE-MACCHIATO-GUGL

¼ Vanilleschote | 75 ml Sonnenblumenöl | 75 g brauner Zucker | 1 Ei | 2 TL Instant-Espressopulver | 120 g Sahne | Süßholzpulver | Salz | 100 g Mehl | 1 TL Backpulver (4 g) | Kakaopulver | 1 Päckchen Vanillezucker | evtl. weiche Butter und Mehl für die Förmchen

Kaffee mal anders

Für 6 Förmchen à 100 ml
30 Min. Zubereitung | 20 Min. Backen
Pro Stück ca. 330 kcal, 4 g EW, 22 g F, 28 g KH

1 Den Backofen auf 200° vorheizen. Die Förmchen evtl. einfetten und mit Mehl ausstäuben. Die Vanilleschote längs aufschneiden und das Mark mit einem spitzen Messer herauskratzen. Das Öl mit Vanillemark, Zucker, Ei, Espressopulver, 20 g Sahne sowie je 1 Prise Süßholz und Salz mit dem Schneebesen schaumig schlagen.

2 Mehl und Backpulver auf die Masse sieben und mit einem Teigspatel unterheben. Die Hälfte des Teiges in die Förmchen füllen. 1 EL Kakao mit etwas Wasser verrühren und unter den restlichen Teig rühren. Den dunklen Teig auf den hellen füllen. Die Küchlein im Backofen (Mitte) 15 – 20 Min. backen. Herausnehmen und etwas abkühlen lassen. Dann aus den Förmchen lösen und auf einem Kuchengitter vollständig abkühlen lassen.

3 Die restliche Sahne mit dem Vanillezucker steif schlagen, in einen Spritzbeutel mit Sterntülle füllen und auf die Guglhupfe spritzen. Sahnehäubchen ganz leicht mit Kakaopulver bestäuben.

SPÄTLESE-GUGLHUPF

30 g helle kernlose Weintrauben | 1/4 Vanilleschote | 35 g Zartbitterkuvertüre | 50 g Butter | 150 g Puderzucker | frisch geriebene Tonkabohne (siehe Tipp S. 44) | Salz | 1 Ei | 1 Eigelb | 50 ml Spätlese (Rotwein) | 50 g Mehl | 1 TL Backpulver (4 g) | 1 EL Zucker | evtl. weiche Butter und Mehl für die Förmchen

Weinselig

Für 6 Förmchen à 100 ml
25 Min. Zubereitung | 20 Min. Backen
Pro Stück ca. 210 kcal, 3 g EW, 12 g F, 21 g KH

1 Den Backofen auf 200° vorheizen. Die Förmchen evtl. einfetten, mit Mehl ausstäuben und auf das Ofengitter stellen. Die Trauben waschen und halbieren, für die Deko 18 Hälften beiseitelegen. Die Vanilleschote längs aufschneiden und das Mark mit einem spitzen Messer herauskratzen.

2 Die Kuvertüre über dem heißen Wasserbad schmelzen (siehe S. 41). Die Butter zerlassen und mit Vanillemark, 50 g Puderzucker sowie je 1 Prise Tonkabohne und Salz schaumig schlagen. Ei, Eigelb und Spätlese (bis auf 1 EL) nach und nach unterrühren. Die Kuvertüre vorsichtig untermischen.

3 Mehl und Backpulver auf die Masse sieben und mit einem Teigspatel unterheben. Die Trauben untermischen. Den Teig in die Förmchen füllen. Die Küchlein im Backofen (Mitte) 15–20 Min. backen. Herausnehmen, etwas abkühlen lassen, dann aus den Förmchen lösen und auf einem Kuchengitter vollständig abkühlen lassen.

4 Den restlichen Puderzucker mit 1 EL Spätlese anrühren und die Guglhupfe damit glasieren. Die beiseitegelegten Traubenhälften in Zucker tauchen und die Küchlein damit garnieren.

GLÜHWEIN-GUGLHUPF

Mein Highlight für den Adventskaffee: Mit (glühwein-)würzigen Gugln bringen Sie Ihre Gäste bestimmt in Weihnachtsstimmung.

50 g Butter
1 kleine Bio-Blutorange
¼ Vanilleschote
30 g Gianduja- oder Zartbitterkuvertüre
50 g Puderzucker
Nelkenpulver
Salz
1 Ei
1 Eigelb
35 ml Glühwein
50 g Mehl
1 TL Backpulver (4 g)
100 g Aprikosenkonfitüre
evtl. weiche Butter und Mehl für die Förmchen

Winterwunder

Für 6 Förmchen à 100 ml
30 Min. Zubereitung | 20 Min. Backen
Pro Stück ca. 245 kcal, 3 g EW, 12 g F, 29 g KH

1 Den Backofen auf 200° vorheizen. Die Förmchen evtl. einfetten und mit Mehl ausstäuben. Die Butter zerlassen. Die Blutorange heiß abwaschen und abtrocknen. Von einer Hälfte die Schale fein abreiben (es soll etwa 1 TL ergeben). Von der anderen Hälfte die Schale mit dem Zestenreißer abziehen, nach Belieben in kochendem Wasser blanchieren (siehe Umschlagklappe hinten) und beiseitestellen. Von der Orange rundum die restliche Schale mit dem Bast abschneiden. Die Filets aus den Segmenten schneiden, klein würfeln und gut abtropfen lassen. Die Vanilleschote längs aufschneiden und das Mark mit einem spitzen Messer herauskratzen.

2 Kuvertüre über dem heißen Wasserbad schmelzen (siehe S. 41). Die Butter mit Orangenschale, Vanillemark, Puderzucker, Nelke und 1 Prise Salz schaumig schlagen. Ei, Eigelb und Glühwein nach und nach unterrühren. Die Kuvertüre vorsichtig untermischen.

3 Mehl und Backpulver auf die Masse sieben und mit einem Teigspatel unterheben. Die Orangenwürfel untermischen. Den Teig in die Förmchen füllen. Die Küchlein im Backofen (Mitte) 15 – 20 Min. backen. Herausnehmen, etwas abkühlen lassen, dann aus den Förmchen lösen und auf einem Kuchengitter ganz abkühlen lassen.

4 Die Konfitüre aufkochen und die Guglhupfe damit bestreichen. Die Gugl mit den Orangenzesten garnieren und trocknen lassen.

VARIANTE WEISSWEIN-GUGLHUPF

Den Teig wie beschrieben ohne Gewürznelken zubereiten, dabei statt der Blutorange 1 kleine Bio-Zitrone (Schale und 1 Spritzer Saft) verwenden. Den Glühwein durch lieblichen Weißwein ersetzen und weiße Kuvertüre unterrühren.

REGISTER

Zum Gebrauch
Damit Sie Rezepte mit bestimmten Zutaten noch schneller finden können, stehen in diesem Register zusätzlich auch Zutaten wie **Äpfel** oder **Mohn** – ebenfalls alphabetisch geordnet und hervorgehoben – über den entsprechenden Rezepten.

Projektleitung: Melanie Haizmann, Kathrin Ullerich
Lektorat: Adelheid Schmidt-Thomé
Korrektorat: Petra Bachmann
Innen- und Umschlaggestaltung: independent Medien-Design, Horst Moser, München
Satz: Kösel, Krugzell
Herstellung: Sigrid Frank
Reproduktion: Repro Ludwig, Zell am See
Druck und Bindung: Firmengruppe APPL, aprinta Druck, Wemding
Syndication:
www.jalag-syndication.de

1. Auflage 2013
ISBN 978-3-8338-3626-8
www.facebook.com/gu.verlag

GRÄFE UND UNZER

Ein Unternehmen der
GANSKE VERLAGSGRUPPE

Die Autorin

Andrea Schirmaier-Huber ist in einer alteingesessenen Münchner Konditorenfamilie aufgewachsen und wurde 1999 zur »Konditorenweltmeisterin« gekürt. In diesem Buch zeigt sie in den eigens entwickelten Rezepten, dass sie Backen gerne mal aus ganz neuen Blickwinkeln betrachtet.

Die Fotografin

Monika Schürle (Foto) und Maria Grossmann (Styling) arbeiten seit Langem im Team und sind erfolgreich in den Bereichen Food, Stillife und Interior tätig. Ihre Auftraggeber sind Magazine, Verlage und Agenturen. Mit der Foodstylistin Michaela Pfeiffer arbeiten sie sehr gerne – erst recht, wenn dabei so leckere Guglhupfe entstehen.

Bildnachweis

Titelfoto: Anke Schütz; Autorenfoto: Fotos mit Geschmack, Alling
Alle anderen Fotos: Monika Schürle, Berlin

Titelrezept

Orangen-Guglhupf (S. 30)

Umwelthinweis:
Dieses Buch ist auf PEFC-zertifiziertem Papier aus nachhaltiger Waldwirtschaft gedruckt.

QUALITÄTS G|U GARANTIE

Liebe Leserin, lieber Leser,

haben wir Ihre Erwartungen erfüllt? Sind Sie mit diesem Buch zufrieden? Haben Sie weitere Fragen zu diesem Thema? Wir freuen uns auf Ihre Rückmeldung, auf Lob, Kritik und Anregungen, damit wir für Sie immer besser werden können.

GRÄFE UND UNZER Verlag
Leserservice
Postfach 86 03 13
81630 München
E-Mail:
leserservice@graefe-und-unzer.de

Telefon: 0800 / 723 73 33*
Telefax: 0800 / 501 20 54*
Mo–Do: 8.00–18.00 Uhr
Fr: 8.00–16.00 Uhr
(gebührenfrei in Deutschland)*

Ihr GRÄFE UND UNZER Verlag
Der erste Ratgeberverlag – seit 1722.

Backofenhinweis:
Die Backzeiten können je nach Herd variieren. Die Temperaturangaben in unseren Rezepten beziehen sich auf das Backen im Elektroherd mit Ober- und Unterhitze und können bei Gasherden oder Backen mit Umluft abweichen. Details entnehmen Sie bitte Ihrer Gebrauchsanweisung.

So viel mehr lecker.

ISBN 978-3-8338-3437-0

ISBN 978-3-8338-3428-8

ISBN 978-3-8338-3431-8

ISBN 978-3-8338-3434-9

ISBN 978-3-8338-3433-2

Erhältlich im App Store

e Alle hier vorgestellten Bücher sind auch als eBook erhältlich.

Mehr von GU auf **www.gu.de** und
facebook.com/gu.verlag

G|U

Willkommen im Leben.

ZWEIERLEI EISKONFEKT

Zergeht schon auf der Zunge und ist ein köstliches Mini-Dessert, das sich ganz schnell vorbereiten lässt.

KROKANT-EISKONFEKT

Für 6 Stück: 400 g Zartbitterkuvertüre fein hacken. 160 g Sahne mit 30 g Zucker aufkochen, auf die Kuvertüre gießen und glatt, aber nicht schaumig rühren. 100 g Haselnusskrokant unterheben und die Masse auf die Förmchen (sie brauchen nicht gefettet zu werden) verteilen. Die Förmchen ca. 30 Min. in das Tiefkühlfach stellen. Dann das Konfekt herauslösen und im Kühlschrank aufbewahren. Zum Servieren nach Belieben mit Puderzucker bestäuben.

Zu diesem Eiskonfekt serviere ich gerne heiße Himbeeren. Dafür 300 g TK-Himbeeren in einem Topf erwärmen und auf sechs Dessertteller verteilen. Jeweils ein Konfekt daraufsetzen.

KOKOS-EISKONFEKT

Für 6 Stück: 400 g Zartbitterkuvertüre fein hacken. 150 g Sahne mit 40 g Zucker und 2 EL Orangensaft aufkochen, auf die Kuvertüre gießen und glatt, aber nicht schaumig rühren. 80 g Kokosraspel unterheben und die Masse auf die Förmchen (sie brauchen nicht gefettet zu werden) verteilen. Die Förmchen ca. 30 Min. in das Tiefkühlfach stellen. Dann das Konfekt herauslösen und im Kühlschrank aufbewahren. Zum Servieren nach Belieben mit Kakaopulver bestäuben.

Marinierte Orangen passen dazu wunderbar. 4 kleine Orangen filetieren, den Saft in einem Topf auffangen. Etwas Zucker dazugeben und nach Geschmack würzen (z. B. Zimt, Orangenlikör), Saft erwärmen und über die Filets gießen. 24 Std. ziehen lassen.